El Rinconcito de Rey Vladimir

TOMO 1

Principios Básicos

Rey Vladimir

Protejamos a las Abejas son esenciales para
la alimentación y polinización de las flores.
Una picada no te matará, pero exterminándolas te
aseguro que moriremos de hambre y nos quedaremos
sin flores

El Rinconcito de Rey Vladimir

Nunca fue tan divertido cultivar una orquídea ...

☼ ☼ ☼

Rey Vladimir
www.orchi-adicto.com

Rey Vladimir
El Rinconcito de Rey Vladimir
Tomo 1
Primera Edición

ISBN 9781674183466

Impreso en San Juan, Puerto Rico
@2019

Diríjase a Virtual Orchid Society
vosociety@hotmail.com
Síguenos:
Facebook
Orchids Shopper Club
Virtual Orchid Society
El Rinconcito de Rey Vladimir

Youtube
Orchids Shopper Club

Contenido

Dedicatoria

Madre mío es tu cariño,
Sólo tuyo es mi amor;
No hay quien iguale al tuyo
Porque en tu alma hay candor

Rosa D. González Díaz
1945 – 1987

Dedicatoria

Madre mío es tu cariño,
Sólo tuyo es mi amor;
No hay quien iguale al tuyo
Porque en tu alma hay candor

Rosa D. González Díaz
1945 – 1987

Agradecimiento

A todos esos Orchi-Adictos
y Orchi-Adictas que se esmeran realmente en aprender mediante la búsqueda, el estudio, sus vivencias y no
solamente preguntan.

Prólogo

Todos debemos plantar un árbol, escribir un libro y tener un hijo (bueno esta última la pueden saltar si quieren). Escribir con la intención de educar es casi tener un hijo, nos esmeramos en poder compartir el conocimiento adquirido ya sea por repetición o por vivencias. *El Rinconcito de Rey Vladimir* nace al grabar los videos de Boots Camps para nuestro canal en Youtube (*www.youtube.com/OrchidsShopperClub*) y un día pensé que todos tenemos ese Rinconcito especial donde disipamos ansiedades y ganamos Paz. Sé que todos tenemos un escondrijo a donde escaparnos, un Edén de donde nadie nos puede expulsar porque simplemente no hemos fallado.

Aquí es donde observo, me relajo y descubro cuando una planta me burla y me regala una flor sin ni siquiera haberla visto en su desarrollo, ellas también tienen su Rinconcito donde también se ocultan.

Espero que mis vivencias te sirvan para descubrir el tuyo y hacer tu Gran Rinconcito o como quieras llamarlo, Remanso como diría Elba, Mi Esquinita, Mi Orquidiario Mia que así le llama Aida, Matojos en el Patio que así le llama Ramonita o simplemente Tu Oasis…

Un Nuevo Comienzo

Introducción

La vida se trata de un constante aprendizaje por eso todo lo que hacemos es motivado por algo y de todo tenemos que aprender. Ese aprendizaje muchas veces nos sirve como zapata para un *Nuevo Comienzo*.

El cultivo y la pasión por las orquídeas no es la excepción por eso con cada género, cada especie, cada planta nos enfrentamos a un *Nuevo Comienzo* de un peregrinaje hasta la culminación echa flor.

En esta serie de **Tomos** estaremos tratando temas concernientes al conocimiento desde lo más básico hasta el cultivo mismo de uno de los más grandes en diversidad de géneros y especies que hay en nuestra flora universal; *Las orquidáceas (nombre científico)*

Comenzaremos con conceptos que todos tenemos que saber para de ahí partir y conocer aún más sobre las orquídeas lo cual resultará en una manera entonces más fácil para el   cultivo de estas.

Estos **Tomos** sería de gran satisfacción para mí que cada vez que me tropiece con uno esté lleno de anotaciones y escritos ya que eso me dejará saber que lo están utilizando como manual de estudio por consiguiente no lo prestes y mejor recomienda que cada uno tenga el suyo y haga sus   anotaciones particulares.

Así que te recomiendo tener lápiz a mano para que vayas haciendo tus notas y observaciones porque sí te animaste a tener estos libros en tus manos es porque tu vida cambiará y pasarás de ser una cuidadora o cuidador de orquídeas a un cultivador de estas...

Terminología Básica

Orchi-Capsula 1

Es importante saber algunos conceptos ya que estos nos ayudarán a que cuando comentes, preguntes o vayas a dar como referencia algo, la otra parte sepa de qué estás hablando y por consiguiente la información que fluya entre interlocutores y receptores sea más asertiva y eficaz.

Comencemos con el significado del nombre mediante el cual se identifican estas plantas;

El nombre de la familia procede la palabra griega *orkhis* cuyo significado es testículos, le adjudican a Teofrasto de Ereso (c.371 – c. 286 a.C) el identificarlas así en su obra *De causis plantarum*. Este término es ya que hace alusión a la semejanza que presenta la pareja de tubérculos en muchas de sus especies mediterráneas. Se cree que quizás ahí es que surge el mito de que ellas poseen propiedades afrodisiacas. Algo curioso es ya que si observamos el labelo de muchas de las cattleyas estas dan la forma de una vulva y sus labios mayores, así que por donde quiera que las veamos tendremos a machos y hembras en nuestra mente.

Género – el género es una forma taxonómica que se utiliza en la identificación entre la familia de una planta y las especies. Un género es un grupo de organismos que a su vez puede dividirse en varias especies.

Ver Boot Camps 31 y 32

Ej. *Cattleya, Dendrobium, Phalaenopsis, Vanda, Bulbophyllum, etc., es el género y siempre se escribe en mayúscula y singular*

Especie – cuando hablamos de las especies son las subdivisiones que se hacen por características similares de un género en particular.

Ej. Cattleya walkeriana, es una clasificación a un tipo de Cattleya identificada bajo el género de Cattleya, pero con unas características particulares donde todas las que sean símiles se clasificarán bajo la especie walkeriana, el nombre de la especie se escribirá en letra minúscula.

Muchas veces los nombres de las especies tienen que ver con características visibles de las que cobijan bajo la especie nombrada.

Ver Boot Camp 23 y 25

Brote – le llamamos así al nuevo retoño que brota de una planta de orquídeas, según el género y la especie, la forma de y cómo aparecerán son bien diferentes.

Coloquialmente le llaman hijos *(recuerden que los hijos no se regalan)*

Tallos – hay géneros que se desarrollan mediante tallos, un género conocido son los dendrobiums. El tallo es la parte que está entre el rizoma y la hoja, sirve de almacenamiento de agua y nutrientes, es el conducto entre las raíces hasta el nacimiento de las flores, es como decir el cuerpo de la planta

Bulbos – no todas las plantas presentan bulbos, las más visibles y conocidas son las cattleyas.

En lo personal le llamo los "camellitos" pues, aunque hay gran diversidad de formas tienden siempre a ser más abultados que cualquier otra parte de la planta, almacenan nutrientes y agua y podemos ver la carencia de estos cuando comienzan a arrugarse, así que es un indicio de la deshidratación de la planta.

Hoja – en su gran mayoría las orquídeas presentan hojas, pero hay especies que carecen de ellas. Hay una gran diversidad de formas, tamaños y texturas. Hay especies donde pierden todas sus hojas y este es el preámbulo para sus floraciones. *Ej., catasetums, algunos dendrobiums entre otros.*

Ver Boot Camp 23 y 26

La función principal de las hojas en cualquier planta es realizar la fotosíntesis (por eso la importancia de la luz en las plantas) en los cloroplastos de las células; estos son los productores primarios en la biosfera. Las hojas realizan el intercambio de gases (fotosíntesis y respiración) a través de sus estomas aeríferos por los que además transpiran el vapor de agua (evapotranspiración)

Raíces – todos los que me han escuchado ya sea en los *Boot Camps* en Youtube o en charlas en vivo saben que me fascinan más las raíces de una planta que sus mismas floraciones. Una planta sin raíces es una planta muerta. Las floraciones vendrán por rebote, asi que la importancia de las raíces ya que estas son los conductores de los nutrientes y agua para el resto de la planta.

Concentrémonos en las raíces y todo lo demás vendrá por rebote.

En las orquídeas una de las funciones principales es anclar la planta. Lejos de lo que muchos aún piensan las orquídeas no son seres parasitas por consiguiente ellas no absorben la vida misma de un árbol donde este adherida y sí le sirven las raíces para sostenerla y anclarla.

Rizoma – Dos tipos

- simpodial, es cuando la planta crece y del último pseudobulbo nace un nuevo brote que comienza con lo que le llamamos yema y este crece desde la base que le precede en el rizoma y crea sus propias raíces. *Ej., catleyas, dendrobiums.* Es como decir la parte de separación entre un bulbo y otro bulbo, típicamente es donde cortamos cuando queremos hacer una división. (*ver ilustración*)

- monopodial, es cuando carecen de rizoma simpodial y la planta en si es de un sólo cuerpo. *Ej., phalaenopsis, paphiopedillums o vandas.*

Su crecimiento tiende a ser ascendente y no hay estructura de almacenaje que no sea que transcurra por el cuerpo de la planta en sí y por consiguiente no hay rizoma presente. **Ver Boot Camp 9 y 10**

(Ver ilustración
Primera ilustración es simpodial y la segunda es monopodial

Vara Floral – es la parte que también se le conoce como espiga en donde eventualmente se desarrollarán capullos y floraciones.

No todas las orquídeas florecen mediante varas florales, las vandas, phalaenopsis y dendrobiums son de las más comunes.

El tamaño puede variar como también la base del desarrollo, muchas veces surgen desde la base de la plantas (*catasetums*), otras veces de la corona (*dendrobiums*), laterales (*vandaceas y phalaenopsis*) entre otras

Capullo – es lo que precede a la culminación que es la floración. Todas las orquídeas desarrollan capullos de diversos tamaños. Muchos vienen en varas florales (*dendrobiums, vandas o phalaenopsis*), se desarrollan como capullos solamente a nivel individual (*dendrobiums nobile, nestor*) o los que vienen en espátulas (*cattleyas*)

Espátula – muchas personas corrigen en forma errónea que el bolsito que protege durante el desarrollo de los capullos a las catleyas no se debe llamar espátulas ya que estas son las que utilizan los albañiles, otros dicen que se llaman espatas, pero tampoco es la forma correcta ya que las espatas son parte de la floración (*Ej., los Anturios*) y en las cattleyas estas no son parte de la floración, después de consultar a diferentes cultivadores de orquídeas, incluyendo Jueces de la AOS, resumimos que se identifican como espátulas

Espátula

Pétalos, Sépalos y Labelo – en su gran mayoría las orquídeas se componen de 3 sépalos, 2 pétalos, 1 labelo
Ver representación de varios de los conceptos antes mencionados

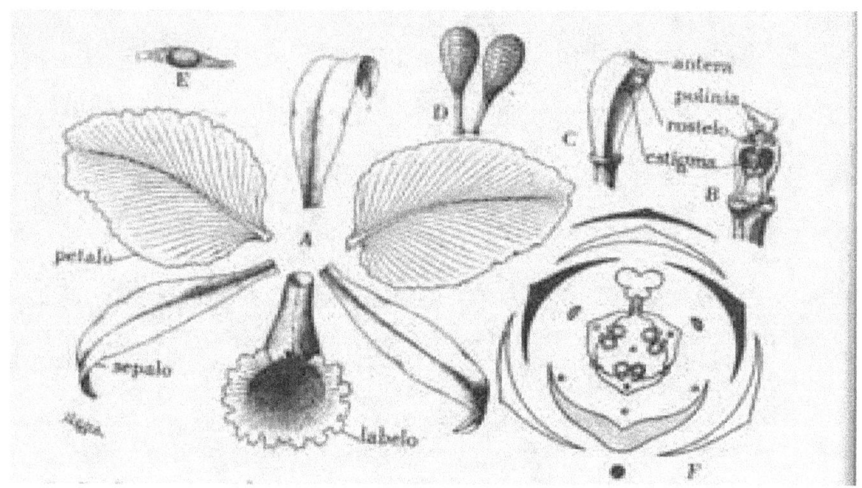

Ilustración de internet

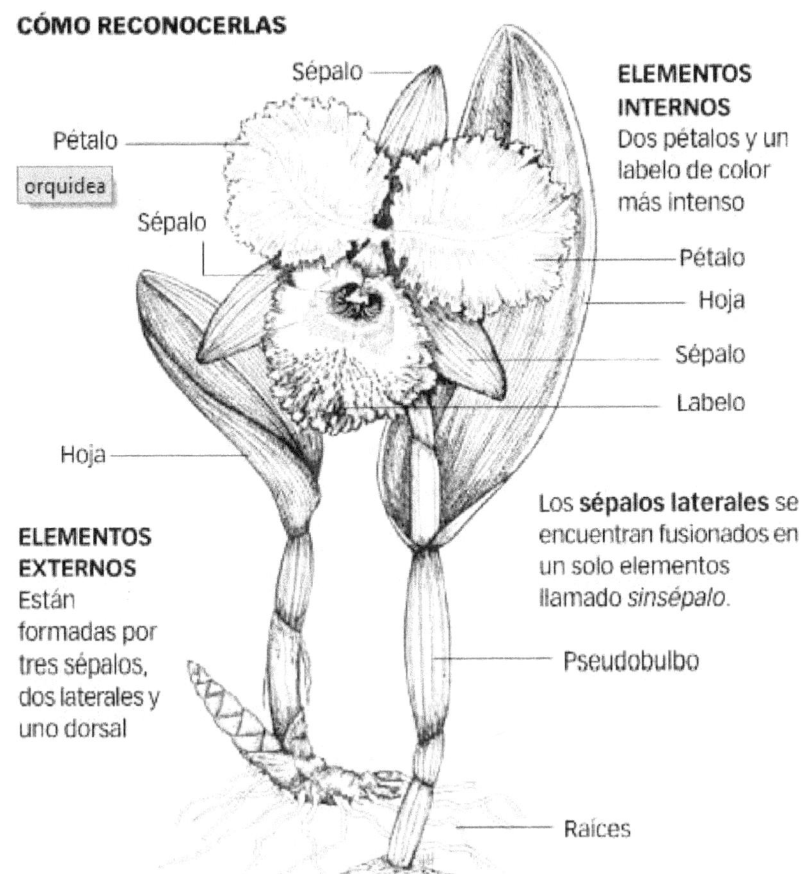

Sustrato – (Bark, hidrotón, camaroncillo, fibra de coco, etc.) éste es un término genérico o sea que no se refiere a un concepto específico y sí a muchos. Queremos decir que sustrato no es una cosa solamente y sí es un medio donde podemos sembrar o anclar nuestras orquídeas.

Algunos ejemplos son: *Bark (corteza de pino) fibra de coco, piedra de construcción, hidrotón, camaroncillo, cualquier pedazo de madera, un tronco de una palma, tronco de un árbol o hasta la tierra misma.*

Epífitas – se les dice a las orquídeas que crecen sobre maderas, troncos, etc. (puede ser utilizar Bark o pedazos de madera como su sustrato)

Litófitas – se les dice a las orquídeas que crecen sobre piedras (puede ser utilizar piedra como su sustrato)

Terrestre – se les dice a las orquídeas que crecen en la tierra directamente, no son muchas, pero las hay.

Nota: *en la mezcla de nuestro sustrato podemos tener una mezcla de ambas, piedra y cortezas*

Aéreas – se les dice a las orquídeas que se cultivan suspendidas donde sus raíces no están adheridas a nada y simplemente cuelgan. *Ej., vandas*

Keiki – es un vocablo que viene de Hawaii, significa niño, se les dice a los nuevos "brotes" que típicamente surgen aéreos como en las phalaenopsis, en los tallos como en los dendrobiums más no se debe utilizar cuando surgen en los rizomas que ahí le debemos llamar brotes o "hijos"

Estos no son TODOS los términos que utilizamos cuando hablamos de orquídeas, pero a mi entender son los más frecuentes que debemos tener en esta etapa de cultivo/aprendizaje. Una vez los conoces ya vas adentrándote en este maravilloso Mundo. Si notas digo cultivo porque el propósito es que te destetes del concepto de cuidador y comiences de una vez y por todas a ser un cultivador de orquídeas, esto no lo define la cantidad de orquídeas y sí el conocimiento que vas adquiriendo y poniendo en práctica

Tres Elementos Esenciales

Orchi-Capsula 2

Mucho nos preguntamos qué hay que hacer para que nuestras plantas florezcan. Esa pregunta la escucho, la leo y hasta ya la imagino. Todos queremos adquirir plantas para cultivarlas y después como pavos reales fanfarronear y presumir de nuestras plantas. No es algo negativo si la adicción por las orquídeas ya empareja con los logros de nuestros hijos, queremos que todos se enteren.

Pues les contaré qué es lo que hay que hacer basado en lo que he estudiado y aún más sobre lo que he vivido en sobre los 30 años que he estado expuesto a las orquídeas.

Los elementos son:

- ***Luz** – nos referimos a la luz que no es lo mismo que al sol. La luz es esencial y crucial en el crecimiento y desarrollo de cualquier planta.*

Recordamos aquel experimento donde sembrábamos habichuelas en vasos plásticos desechables y exponíamos aquellas plantas en potencia a diferentes escenarios, luz natural, luz artificial de una bombilla, otros los guardábamos en un gabinete donde no daba la luz entre otros. Notábamos los cambios en la coloración de las plantas germinadas, la carencia de verdor en las que no estuvieron expuestas a la luz y las que nunca germinaron. Las orquídeas no son la excepción, necesitan luz para su desarrollo y aún más para sus floraciones, estipulando esto entonces debemos conocer los orígenes de nuestras plantas para asi recrear el ambiente lo más cercano a su hábitat.

Hay orquídeas que necesitan luz directa (*sol directo*) otras luz filtrada (bajo sarán o bajo la copa de un árbol) y otras luz fuerte pero no directa (pudiesen estar en áreas de cultivo que llamamos: controladas ya sea por la luz o por el agua)

En condiciones más extremas están donde hay cambios climatológicos bien marcados y se cultivan en sótanos con luz ultravioleta, este tema lo trataremos en otro de los Tomos donde aprovecharemos miembros de nuestro grupo en Facebook: *Orchids Shopper Club (www.orchi-adicto.com)* que cultivan bajo esas condiciones y ellos serán los que transmitan ese conocimiento.

- **Agua** – todo ser vivo necesita agua para su crecimiento y evolución de nutrientes hasta convertirlos en el elemento esencial como alimento, en el caso de las plantas/orquídeas no es la excepción y requieren de agua para almacenaje y absorción, la obtienen directa sobre sus hojas, a través de las raíces y por evaporación. Las Orquideas son fuertes y no porque no reciban agua en algunos días ya van a morir, pero no debemos permitir que se deshidraten ya que el proceso entonces de crecimiento se marcará con stress haciendo que su desarrollo sea lento, sus floraciones nulas y la posibilidad de la muerte de la planta. La cantidad de agua va a depender del sustrato que utilices, donde la tengas sembrada y las condiciones climatológicas de tu área. Lo ideal es ver que el sustrato no se seque en su totalidad, pero tampoco que se sature y no drene ya que eso sería el equivalente a pudrición de raíces y llegar al otro extremo donde la planta muera por exceso de humedad. Si llegas al punto de que sus raíces se pudran ten por seguro que hay una muerte en potencia.

La combinación de agua y el sustrato que decidas utilizar es algo más personalizado que generalizado. Esto es como tu descubrir que formula necesita tu bebé. Seguramente no fuiste por el vecindario preguntado cuál debías utilizar y más fuiste descubriéndolo tú. Has lo mismo, claro con alguna ayuda que encuentres en libros e internet, pero nunca será el perfecto hasta que tú mismo lo hagas.

- **Sustrato** – este término se utiliza indiscriminadamente como si fuera uno sólo pero no es así, cuando hablamos de sustrato puede ser muchas cosas. El sustrato es el medio de cultivo que utilizamos para sembrar nuestras orquídeas, así que puede haber tantos medios como mezclas que no terminaríamos nunca, cada caso particular puede hacer la mezcla que mejor le favorezca. Ejemplo de algunos elementos que podemos utilizar tanto solos como mezclando en diferentes partes hasta lograr lo que deseemos; mayor drenaje, mayor humedad, sustrato intermedio entre otros. Algunos que hemos mencionado son:

- Fibra de coco
- Bark (corteza de pino
- Piedra de construcción
- Piedra caliza
- Musgo
- Pedazos de tiestos de barro
- Pedazos de madera
- Tubos PVS cubiertos con soga

No te preguntes: cuál es el mejor sustrato y mejor pregunta: qué es lo que buscas en un sustrato, mayor humedad, mejor drenaje o un punto medio, de eso va a depender la frecuencia de tu riego. La planta siempre va a necesitar agua, pero con qué frecuencia es lo que tenemos que buscar.

Sarán, Policarbonato o Plástico

Orchi-Capsula 3

La pregunta repetitiva siempre es: ¿Qué es mejor? Siempre queremos ir directo, sin "short cut" al resultado. Si cultivamos orquídeas tenemos que sacudirnos de esa maraña de querer todo fácil y resultados espectaculares. Infinidad de veces me detienen, me escriben y me preguntan: *¿Vladimir, ¿cuál es el secreto?* La respuesta es: Ninguno. Esto no se trata de secretos o teorías de conspiración para que unos tengamos plantas bellas y aclimatadas y otros tengan la cruz a cuesta como si juzgáramos que por sus pecados son las escazas floraciones

Todo lo podemos resumir a un nivel de educación que no es que tengas un doctorado, es que   dediques parte de tu tiempo para leer, escuchar, ver videos y no dejar nunca de observar. Sólo tú sabes cuáles son las condiciones perfectas en tu área de cultivo, ya lo acabo de decir es tu área de cultivo. Para observar no se requiere de mucho tiempo, sucede muchas veces que miramos, pero no observamos, cuando lo hacemos podemos ver cambios que saltan a nuestra vista y por consiguiente podemos en una forma informada poder manejar mejor las situaciones y si requerimos de ayuda de otros poder explicar qué hemos observado.

Ya hemos mencionado que la luz es importantísima en el cultivo de las orquídeas, ahora también mencionamos que luz fuerte no significa sol directo. Existen materiales para ayudarnos a controlar la intensidad de la luz.

Sarán – En la agricultura se utiliza a fin de optimizar el ambiente de luz que requiere cada cultivo, según sea su estado Vegetativo. El porcentaje se refiere al filtrado de luz solar que requiere cada cultivo

El sarán es esta maya que colocan sobre los viveros con el fin de controlar el porcentaje de luz solar filtrándola, evitando que entre directa en contacto con lo que se esté cultivando. Existe diferentes tipo de porcentajes. Lo ideal es utilizar dos tipos de Sarán para tener dos ambientes pues plantas como las cattleyas, las vandas y los dendrobiums necesitan más luz (**Sarán** del 45-60%) en cambio plantas como las Phalaenopsis y gran parte de las especies prefieren más sombra (Sarán 70-80%).

Las orquídeas según sus géneros requieren de diferentes cantidades de luz directa, como nosotros tenemos típicamente variedad de géneros y especies se hace un poco difícil el poder cumplir con todos los porcentajes. Por lo menos para los que cultivamos en el trópico podemos utilizar un punto medio que sea entre 65% a 80 % asi podemos tratar de manejar la gran mayoría de luz filtrada tomando en consideración que entonces podemos jugar con el espacio ayudándonos quizás de árboles, paredes y alturas de las plantas para crear el balance entre un género u otro.

Existen colores como el negro, marrón, crema, verde y hasta unos plateados que ayudan a ser reflectivos ante la luz solar ayudando a mantener una temperatura más atinada. Ayuda también la altura a la que se coloque la malla.

Planchas – usualmente se conocen como planchas de zinc, aunque el material zinc es uno en metal, pero como muchas otras cosas ya creamos el concepto y le seguimos dando el nombre incorrecto pero la gente nos entiende, algo similar al Clorox que es una marca y ya le decimos a todas las lejías, clorox.

Las que debemos conseguir, aunque tienen la forma ondulada de las de zinc, pero son de policarbonato.

Existen en diferentes colores incluyendo blancas o trasparentes.

Las blancas controlan la luz del sol, pero entre todos las otros con colores como verde, terracota, etc., definitivamente controlarán aún mucho más la luz del sol. Las que son transparentes son ideales pues dejan pasar la mayor cantidad de luz y no hacen el efecto lupa donde filtra la luz y quema. Tengamos en cuenta también que la altura a la que colocamos tanto el Sarán como las Planchas de policarbonato va a incidir en cuanto al contacto de la luz filtrada, techos altos son ideales para los Viveros, si no tienes el espacio para ganar gran altura entonces puedes jugar con el alto de las mesas donde vas a colocar tus orquídeas.

Plástico – el plástico en los Viveros se utiliza para permitir el paso de la luz, pero en realidad es para control de agua. Cuando colocamos plástico sobre el Sarán o solamente plástico contribuimos a que haya un control de agua absoluto no importa cuánto llueva.

Perdemos más plantas por exceso de agua que por carencia de esta. Ya hablamos anteriormente de que parte de la morfología de muchas de las orquídeas es lo que indiqué que le digo los "camellitos" que no es otra cosa que los bulbos en las cattleyas y los tallos en los dendrobiums, estos se llenan de agua y sirven para nutrir a la planta según esta lo vaya necesitando, ahora el exceso de agua contribuye a que las raíces si   están con un sustrato que retenga humedad   vayan teniendo como fin la pudrición de estas y eventual muerte de la planta.

Podemos añadir que también el exceso de agua puede dañar hojas, tallos, bulbos, desarrollo de hongos y descomposición del sustrato que sea Bark, coco, pajilla de coco entre otros.

Podemos resumir que, si las orquídeas en su gran mayoría no van a morir por par de días sin agua, es mejor tenerlas en un área con control de agua a tenerlas al intemperie donde no podamos controlar el agua y terminemos perdiéndolas o proliferando hongos en ellas.

El plástico es una buena alternativa para el control de agua sin detener la filtración de la luz, es importante que vayamos a sitios que se especializan en vender material para viveros y comprar el plástico indicado, no es comprar cualquier plástico que se nos ocurra.

¿Hierro, Madera o PVC?

Orchi-Capsula 4

Vamos a construir entonces un Vivero. Volvemos con la pregunta: ¿Cuál es el mejor material para construirlo?

Existen varias opciones para entonces ya que sabemos cuáles son los términos para poder tener una noción más clara sobre lo que vamos a cultivar, sabemos ya los tres factores más importantes para el cultivo de las orquídeas, también sabemos qué material debemos utilizar para cubrir nuestras plantas entonces ahora vamos a crear la estructura teniendo todos los factores que hablamos en las *Orchi-Capsulas 1, 2, 3 y ahora 4*

Debemos de tener en consideración varios factores:

1. Si vives alquilado o es casa propia, esto lo debes tener presente para no invertir una gran cantidad de dinero para algo que en cualquier momento tengas que desmontar porque te mudas y luego para donde vayas no quepa el elefante blanco que construiste

2. Cantidad de plantas que tengas, esto es un poco difícil ya que la adicción a las orquídeas es de tal magnitud que hoy puedes tener 10 plantas y mañana 50 pero teniendo en consideración la cantidad de plantas que tienes o que puedas llegar a tener en potencia va a ser determinante para el tamaño de este. No nos engañemos tampoco pues sé de Orchi-Adictas que tienen una Gran Colección de orquídeas, pero gustan de las miniaturas asi que eso no va a determinar que requieras de un super espacio para tu Gran Colección de orquídeas.

3. Peso de las plantas, si eres de los que les gusta como a mí a no dividir plantas, llegará el momento que tendremos plantas que puedan llegar a pesar 50 lbs. o más por consiguiente necesitarás entonces un armazón resistente.

Ventajas

El construir en este material está de moda, tiene sus ventajas ya que es más liviano, no tienes que lidiar con el comején y la polilla.

Algo importante que debes considerar no importa en que material te construyan y es que las mesas deben estar en su tope perforadas, si manejas el hierro pueden ser rejillas que se suelden. Si es madera puedes utilizar el marco en madera y el tope en alambre.

Si es en PVC serian bueno utilizar algún material también en alambre y que sólo sea el marco en PVC.

De esta forma logramos que nuestras plantas tengan una buena aireación y flujo de los líquidos logrando un buen drenaje y asi evitamos pudrición de las raíces y desarrollo de hongos sumado a descomposición del material que utilicemos como sustrato.

En lo personal los dos que hemos construidos han sido en madera, algunas de las desventajas son experiencias vividas, pero ya corregidas en el segundo construido, como por ejemplo las grapas no galvanizadas.

Orchi-Kit necesario SIEMPRE
Orchi-Capsula 5

De nada vale saber identificar las partes de una planta y flor de orquídea. De qué nos sirve saber cuáles son los tres elementos básicos que necesita una planta de orquídea.

Podemos tener nuestras plantas resguardadas tanto del sol como de la lluvia. Nuestro Vivero puede ser construido con el mejor material, ahora si no somos proactivos y siempre actuamos reactivos tendremos las plantas y las flores más feas del Planeta.

Las plantas son organismos vivos que no están exentos a enfermedades oportunistas. Tenemos que estar siempre con un pie adelante y de esta forma podemos anteponernos a lo que quizás ya podemos predecir. Mencionaré algunas causas a modo general que afectan nuestras plantas ya que en el **Tomo 2** hablaremos sobre enfermedades e Insectos

Algunos temas que trataremos en el **Tomo 2**

- o Hongos
- o Virus
- o Bacterias
- o Insectos
- o Stress

A la hora de escribir estos *Tomos* lo que nos proponemos es que en una forma fácil y sencilla puedan asimilar factores importantes que necesitamos saber a la hora de cultivar orquídeas. Utilizamos términos generales para que no importa el nivel en que te encuentres puedas entender y sobre todo poner en práctica lo aprendido. Basta ya de decir que eres nuevo o nueva, las herramientas están accesibles para todos lo que hay es que ponernos en actitud para aprender, practicar lo leído y luego compartir los resultados.

Acción y ahora recuerda que después de leer estos **Tomos** y ponerlos en práctica ya no serás más un cuidador de orquídeas y sí un

CULTIVADOR DE ORQUIDEAS.

Biografía

Rey Vladimir nació un 6 de mayo, el mes de la flores y como tal siempre ha sentido pasión por las mismas. Siempre fue el encargado por decisión del patio y áreas verdes donde se crio junto a sus tres hermanos, padre y madre.

Su primer encuentro con una orquídea fue una diminuta cuyo género se conoce como *Epidendrum* que le fue regalada a su madre y como si fuera un presagio ella la llevo directo a las manos de *Rey Vladimir*, desde ese día hace más de 35 años miles de miles de orquídeas han pasado por sus manos.

Estudioso de los negocios con formación en Gerencia, Contabilidad, Cooperativismo y Derecho Laboral de la Universidad de Puerto Rico fusiona toda su experiencia en una sola pasión que son las orquídeas. Empresario y habiendo dirigido empresas como **Starwood Hotel and Resorts**, deja todo a un lado para establecer su compañía de administración de propiedades vacacionales. Aun así, comienza este paso en el Mundo de las Orquideas hasta lo que ya está creado y lo que falta aún.

- Creador y Administrador del Grupo Cerrado *Orchids Shopper Club* en Facebook con más de 15,250 miembros
- Presidente y Creador de la Primera Sociedad de Orquidistas Virtual; *Virtual Orchid Society* afiliada a la prestigiosa American Orchids Society siendo la primera y única sociedad virtual
- Influencer en la Plataforma Youtube con su *Canal Orchids Shopper Club* donde imparte conocimiento aprendido en la práctica con sus **Boots Camps**, teniendo videos vistos más de 200,000 veces
- Hoy día el Grupo Orchids Shopper Club es uno de los grupos más activos tanto en actividades relacionadas a orquídeas como eventos sociales con su matricula
- Hemos celebrado como productor el evento *Expo Orchids Shopper* ya para su tercera edición con la mayor cantidad de Orquidistas unidos en una misma actividad
- Creador de los *Garage Sale Online* donde ya se han celebrado decenas de ediciones con ventasen vivo y envíos a todos los Estados Unidos, Puerto Rico y las Islas Territorio

- Hemos logrado registrar una planta con el nombre de nuestro grupo en el ***Royal Horticultural Society of London***:

  Fdk. Majestic Orchids Shopper

Fdk. Majestic Orchid Shopper

Sección para Anotaciones

www.ingramcontent.com/pod-product-compliance
Lightning Source LLC
Chambersburg PA
CBHW050748250726

48662CB00005B/2083